SERIE CIMA

PANIS DUX

José Manuel Vega Báez

PANIS DUX
Primera edición: Febrero de 2021

D.R. José Manuel Vega Báez 2021
Ocote 52 Col. Huayatla 10360
Magdalena Contreras, Ciudad de México
www.seriecima.com
info@seriecima.com

Dedicatoria

A la memoria de ocho líderes muy
cercanos y queridos:

Jorge Cebrián Aguiar
Roberto Rivas Olmedo
Jesús Parra Gaspar
Bernardo García Esquivel
Jesús Armando Flores Yeffal
Ma. Esther Trujillo Sánchez
Christian López Torre
Dario Bozzato

PD

Índice

PD

El Reino del Pan Existente

PD

José Manuel Vega Báez

Érase una vez un reino muy lejano con forma de redondel en el que vivían dos tipos de seres que se alimentaban de pan.

El primer tipo de seres eran personas, muy parecidas a nosotros en cuanto a su apariencia y sus costumbres, mientras que el segundo tipo eran pájaros. Sí, pájaros tal como los conocemos: pequeñas aves voladoras con cuerpo cubierto de plumas, dos alas y pico recto.

En ese lejano reino todos los días se repetía la misma historia: las personas y los pájaros se levantaban e iniciaban su recorrido por el redondel en busca de pan para subsistir, pero la diferencia consistía en que, para lograrlo, los pájaros utilizaban su instinto y las personas su inteligencia y su voluntad.

Por lo general los pájaros, gracias a las cualidades propias de su especie, encontraban primero el pan y para cuando llegaban las personas, ellos ya tenían un buen rato comiendo.

Es importante mencionar que en el Reino del Pan Existente había cuatro tipos de personas conocidos como: alfa (α), beta (β), gama (γ) y delta (δ).

Las personas tipo alfa eran muy escasas, aproximadamente una (1α) de cada cien habitantes, también eran muy inquietas, y siempre andaban en busca de nuevos retos. Tenían una gran vitalidad que les permitía encabezar todas las actividades en las que participaban, se encargaban de organizar excursiones y de señalar las tendencias al resto de los individuos. Por su forma de ser, con frecuencia descubrían nuevos lugares, aunque no siempre encontraban pan en esos nuevos sitios, y solo se les veía en los depósitos conocidos de pan cuando sus exploraciones fracasaban varias veces seguidas.

Las personas tipo beta eran un grupo más numeroso, alrededor de quince (15β) de cada cien habitantes y, aunque tenían enormes capacidades y

José Manuel Vega Báez

hacían sus labores muy bien, carecían de suficiente valor como para tomar riesgos por sí mismas, por lo que para buscar nuevos almacenes de pan siempre esperaban a que las personas tipo alfa comenzaran a investigar. Sin embargo, cuando se trataba de depósitos conocidos de pan, las personas tipo beta llegaban relativamente rápido pues eran muy hábiles.

Con aproximadamente de sesenta y ocho individuos (68γ) de cada cien habitantes, el grupo de personas tipo gama era el mayor de todos y casi siempre hacían las cosas de la misma manera, sin correr muchos riesgos. En general preferían mantener su anonimato confundiéndose entre la gran masa que todos ellos formaban, por lo que evitaban hacer cosas que llamaran la atención. Ellos tomaban la vida con calma y normalmente llegaban a comer un poco tarde, acudiendo siempre al mismo lugar, y solo cuando estaba a punto de terminarse el pan en ese sitio, se preocupaban por participar en las exploraciones de las personas tipo alfa.

El cuarto grupo estaba formado por las personas tipo delta; alrededor de dieciséis (16δ) de cada cien habitantes. Estas personas eran amantes de las costumbres, por lo que fácilmente se desconcertaban cuando se terminaba el pan en el lugar en el que normalmente lo encontraban, llegando algunos de ellos al extremo de preferir pasar hambre en su casa, antes que salir a buscar más pan a sitios desconocidos, algo que solo hacían en compañía de personas de otros tipos. Pero por lo general, las personas tipo delta se levantaban muy temprano, seguían siempre una misma rutina y, por lo mismo, eran las primeras en llegar a los almacenes conocidos de pan, después de los pájaros.

En el Reino del Pan Existente las personas no nacían siendo tipo alfa, beta, gama o delta, sino que, a lo largo de su infancia y adolescencia, y dependiendo del entorno en el que se desenvolvían, iban desarrollando ciertas características que, cuando llegaban a la juventud, los identificaban con una de las cuatro formas posibles.

José Manuel Vega Báez

Ya siendo adultos, y de acuerdo con sus intereses y sus amistades, una persona podía conservar su tipo original o convertirse a otro tipo de menor vitalidad, pero siempre cambiando de uno en uno, situación que invariablemente sucedía al final de cada era, en donde una de cada cinco personas alfa se convertía en beta, una de cada cuatro personas beta se transformaba en gama y una de cada tres personas gama pasaba a ser delta.

Pues bien, todas las personas del Reino del Pan Existente, a pesar de no ser tan veloces como los pájaros para encontrar el pan, tarde o temprano tenían que alimentarse y, una vez que llegaban a los depósitos de pan, su principal preocupación era comer rápidamente lo más posible, de modo que su hambre quedara saciada y tuvieran suficiente tiempo para tomar una siesta, conversar entre ellas o, en algunas ocasiones, acompañar a las personas tipo alfa en su exploración del redondel.

Cabe mencionar que en aquel reino era popularmente conocida una leyenda que aseguraba que tiempo atrás existieron algunas personas que, después de mucho camino recorrido, encontraron un nuevo reino al que se habían ido a vivir, y en el que según se afirmaba, eran más felices.

Y aunque nadie sabía a ciencia cierta cuál era la senda que conducía al nuevo reino, se rumoraba que su puerta de entrada se localizaba en alguno de los confines del Reino del Pan Existente.

Pese a que todas las personas conocían la leyenda, solo eran pocas las que se entusiasmaban con la idea de irse a vivir a un nuevo reino, pues la mayoría de ellas no podían imaginar una felicidad más grande que comer el pan de cada día y después disfrutar de una buena siesta, de una buena charla o de un buen paseo.

Los pájaros por su parte, sin mayor ambición de experimentar algo diferente a su rutina diaria, observaban con curiosidad los diálogos que sostenían después de comer las personas tipo alfa con quienes las acompañaban en su camino rumbo a los confines del Reino del Pan Existente, y los seguían en su recorrido, pues para las aves era más entretenido merodear volando cerca de las

José Manuel Vega Báez

personas en movimiento, que quedarse con quienes estaban tomando una siesta o platicando.

Así transcurrían los días, las semanas, los meses y los años en aquel Reino del Pan Existente, en donde el mayor problema al que podían enfrentarse las personas y los pájaros era al agotamiento de alguno de los almacenes conocidos de pan, en cuyo caso los pájaros instintivamente buscaban de inmediato nuevas alternativas, mientras que las personas hacían lo mismo, pero cada una con su propio estilo y velocidad, dependiendo de su tipo. Si acaso la mayor dificultad era para las personas tipo delta, quienes tenían que luchar en contra de su forma de ser para adaptarse a las nuevas circunstancias.

Llegó entonces el término de una era y hubo una conversión de los habitantes del Reino del Pan Existente de acuerdo con la estadística histórica.

De esta manera, en cada grupo original de cien individuos formado por una persona alfa, quince personas beta, sesenta y ocho personas gama, y dieciséis personas delta ($1\alpha+15\beta+68\gamma+16\delta$), se produjo una nueva composición integrada por una persona alfa, once personas beta, cuarenta y nueve personas gama, y treinta y nueve personas delta ($1\alpha+11\beta+49\gamma+39\delta$).

Pasó el tiempo, y un buen día sucedió que, en uno de tantos recorridos, el grupo anterior de cien integrantes ($1\alpha+11\beta+49\gamma+39\delta$) y numerosos pájaros, encabezados por una persona tipo alfa, que a partir de ahora llamaremos Dux, llegó a una de las paredes que marcaban el límite del redondel, en donde encontraron un enorme portón de madera que tenía la siguiente inscripción:

Entrada exclusiva para quienes aspiran a algo más que seguir comiendo pan en el Reino del Pan Existente.

Por un momento el colectivo se quedó paralizado sin saber qué hacer frente a tal descubrimiento. Los pájaros por su parte no entendían lo que ocurría.

José Manuel Vega Báez

Pasaron algunos instantes y Dux tomó la palabra para indicarles que por fin habían encontrado lo que buscaban y que era su oportunidad para mudarse al nuevo reino del que hablaba la leyenda.

La duda invadió a las personas del grupo que, como ya dijimos eran cien: Dux, once personas beta, cuarenta y nueve personas gama, y treinta y nueve personas delta $(1\alpha+11\beta+49\gamma+39\delta)$, y finalmente hubo dos reacciones distintas: la de ocho personas beta (tres de cada cuatro de las once del grupo) y dieciséis personas gama (una de cada tres de las cuarenta y nueve del clan) que decidieron continuar con Dux, y la del resto de las personas que prefirieron abandonar la aventura por considerarla demasiado riesgosa y de inmediato emprendieron el camino de regreso a sus casas.

Las veinticinco personas que decidieron seguir adelante comprendieron que, si bien comer pan brindaba cierta felicidad, esa sensación podría ser mayor al superar la barrera de saberse limitados por un redondel. Consideración que sin duda fue poco importante para los pájaros y todas las demás personas que prefirieron no continuar.

Entonces el colectivo de Dux ($1\alpha+8\beta+16\gamma+0\delta$) abrió el portón de madera y lentamente se internó en un oscuro túnel, seguido de algunos curiosos pájaros...

José Manuel Vega Báez

Reflexiones Personales

¿Qué significa en tu realidad el pan existente? ¿Puedes dar un par de ejemplos concretos?

Menciona a tres personas que consideres habitantes del Reino del Pan Existente.

¿En qué te pareces a ellos? ¿En qué te diferencias?

¿Te visualizas como habitante del Reino del Pan Existente? ¿Por qué?

¿Aspiras a algo más que seguir comiendo pan existente? ¿Con qué finalidad?

PD

José Manuel Vega Báez

El Reino del Pan Útil

PD

José Manuel Vega Báez

En cuanto pasó la última de las veinticinco personas ($1\alpha+8\beta+16\gamma+0\delta$) se cerró a sus espaldas el portón de madera y, conforme avanzaron, la luz se hizo presente poco a poco hasta que les permitió distinguir un letrero que decía:

Bienvenidos al Reino del Pan Útil, en donde cultivamos el valor de lo práctico, hacemos todo lo necesario para alcanzar nuestras metas y evitamos distraer la atención en asuntos secundarios.

Las personas y los pájaros continuaron caminando y llegaron a una escalera que los condujo a una gran explanada en la que fueron recibidos por una fuerte ovación de una multitud de personas y pájaros que habitaban el Reino del Pan Útil; e inmediatamente se sintieron felices.

Una persona ingenieril tipo beta de este nuevo reino fue la encargada de dirigirles unas palabras en las que les dio la bienvenida oficial y les recordó que a partir de ese momento se convertían en habitantes del Reino del Pan Útil, lo cual les comprometía a actuar de acuerdo con el enunciado que habían leído a su ingreso.

Particularmente les hizo saber que cada uno de los habitantes del Reino del Pan Útil era completamente libre de decidir si permanecía toda su vida en ese lugar, o bien buscaba en todo el redondel la manera de emigrar a un reino superior o de regresar al Reino del Pan Existente.

Una vez concluida la bienvenida, el grupo de Dux decidió explorar el nuevo redondel, mientras que los pájaros, obedeciendo a su instinto, se dispersaron por todas partes.

El primer lugar que visitaron las personas recién llegadas fue un gran mirador desde el que podía apreciarse toda la actividad que se desarrollaba en el reino del que provenían.

José Manuel Vega Báez

¡Era increíble cómo cambiaba la imagen del Reino del Pan Existente desde esas alturas!

Para empezar, su antiguo hogar se veía mucho más pequeño de lo que recordaban; aquellos interminables caminos del redondel del Reino del Pan Existente que tanto tiempo les había tomado recorrer, parecían diminutos.

Y aquellos depósitos en donde se encontraba almacenado el pan que tanto trabajo les habían costado localizar, no estaban sino a unos cuantos metros de distancia.

Es más, desde ese punto de observación podían distinguir a algunas de las personas tipo delta que conocieron y que jamás pudieron convencer para que abandonaran la zona cercana a sus hogares.

¡Cómo hubieran querido gritarles lo que sus ojos les revelaban desde esa posición: que el pan que necesitaban para salir adelante estaba a solo un par de pasos de dónde se encontraban!

También se percataron de que la pared fronteriza del redondel del Reino de Pan Existente era completamente circular, lo cual explicaba por qué jamás habían encontrado una esquina en sus viajes de exploración, al mismo tiempo que se dieron cuenta de que el enorme portón de madera que utilizaron para trasladarse de un reino a otro cambiaba de lugar constantemente.

Al paso del tiempo, y a medida que los recién llegados al Reino del Pan Útil fueron haciendo su vida cotidiana, advirtieron dos situaciones que les llamaron poderosamente la atención.

La primera consistía en que cuando vivían en el Reino del Pan Existente jamás se preguntaron sobre el origen del pan que comían.

Recordaban con toda claridad el trabajo que les había costado localizar nuevos almacenes de pan y el agotamiento progresivo de los mismos debido al consumo, pero nunca se pusieron a pensar en cómo era que el pan llegaba a los diferentes depósitos y el por qué una vez que se terminaba el pan en uno de ellos era muy difícil que volviera a llenarse.

Ahora lo sabían.

Al igual que el Reino del Pan Existente contaba con muchos almacenes de pan, en el Reino del Pan Útil había numerosas fábricas de pan que por la madrugada vaciaban sus excedentes a través de un sistema de tuberías móviles que depositaba el producto en los almacenes del Reino del Pan Existente, sin seguir un orden preestablecido.

De esta forma, en su flamante lugar de residencia, las personas ahora tenían que internarse en el nuevo redondel, no para localizar almacenes de pan, sino para encontrar las fábricas del vital alimento y, si bien es cierto que el tiempo de vida de las fábricas en el Reino del Pan Útil era mayor al de los depósitos del Reino del Pan Existente, tarde o temprano terminaban cerrando sus operaciones, lo que hacía que una vez más tuviera que emprenderse la exploración en busca de nuevas fábricas.

La segunda situación que les llamó la atención a las personas recién llegadas era que, aun cuando todos los habitantes del nuevo reino alguna vez fueron solo personas tipo alfa, beta o gama del Reino del Pan Existente —ya que nunca un delta se atrevió a abandonar su lugar de residencia—, en el Reino del Pan Útil había los cuatro tipos de personas: alfa, beta, gama y delta.

En otras palabras, aunque algunas personas conservaban su tipo original, otras encontraban suficiente pan en el Reino del Pan Útil como para adoptar una vida más relajada y cambiaban de tipo de acuerdo con la misma estadística histórica del Reino del Pan Existente.

Ese fenómeno se presentó más adelante en todo el reino, al final de una era, de manera que la composición de la colectividad de Dux quedó integrada por él, seis personas beta, trece personas gama y cinco personas delta ($1\alpha+6\beta+13\gamma+5\delta$), quienes diariamente después de alimentarse de pan, salían a recorrer el redondel en compañía de varios curiosos pájaros, buscando los confines del

José Manuel Vega Báez

Reino del Pan Útil en donde les habían dicho que podían encontrar la puerta de salida.

Después de mucho peregrinar, por fin localizaron un enorme portón de madera que tenía escrito lo siguiente:

Entrada exclusiva para quienes desean regresar a comer pan en el Reino del Pan Existente.

Las personas dudaron un momento, y aunque de alguna manera extrañaban a sus compañeros que habían decidido permanecer en el Reino del Pan Existente, lo que habían descubierto en el Reino del Pan Útil, a la mayoría de ellos les parecía mucho más valioso como para pensar en volver a su antiguo reino.

Las cinco personas tipo delta sí querían regresar al Reino del Pan Existente, pero como no se atrevían a hacerlo solas, siguieron adelante con el resto del grupo.

Como las dimensiones del Reino del Pan Útil eran mucho mayores que las del Reino del Pan Existente, el tiempo que les tomó la exploración de todo el redondel fue bastante prolongado.

Sin embargo, la perseverancia rindió sus frutos y un buen día Dux y su colectivo encontraron lo que andaban buscando: un enorme portón de hierro en el que podía leerse:

> **Entrada exclusiva para quienes aspiran a algo más que seguir comiendo pan en el Reino del Pan Útil.**

Entonces se voltearon a ver entre ellos, sabiendo que era el momento de tomar una decisión. Dux los persuadió a que siguieran el camino todos juntos, pero fue en vano, ya que de las seis personas beta, solo cinco aceptaron continuar; de las trece personas gama, solo cuatro dijeron que seguirían, y por supuesto, ninguna de las cinco personas delta se atrevió a correr el riesgo de proseguir.

Rápidamente se despidieron y el grupo encabezado por Dux ($1\alpha+5\beta+4\gamma+0\delta$) abrió el portón de hierro y comenzó a avanzar por un oscuro túnel, seguido de algunos curiosos pájaros…

Reflexiones Personales

¿Qué significa en tu realidad el pan útil? ¿Puedes dar un par de ejemplos concretos?

Menciona a tres personas que consideres habitantes del Reino del Pan Útil.

¿En qué te pareces a ellos? ¿En qué te diferencias?

¿Te visualizas como habitante del Reino del Pan Útil? ¿Por qué?

¿Aspiras a algo más que seguir comiendo pan útil? ¿Con qué finalidad?

José Manuel Vega Báez

El Reino del Pan Verdadero

PD

José Manuel Vega Báez

Una vez que las diez personas del grupo ($1\alpha+5\beta+4\gamma+0\delta$) atravesaron la frontera, se cerró a sus espaldas el portón de hierro y siguieron caminando en medio de la oscuridad, hasta que la senda se iluminó y les permitió distinguir un letrero que decía:

> **Bienvenidos al Reino del Pan Verdadero, en donde cultivamos el valor de la verdad, aquello que hace que tengamos mayor conocimiento y podamos tomar mejores decisiones.**

Las personas y los pájaros avanzaron y llegaron a una escalera que los condujo al jardín de una universidad, en donde fueron recibidos por una banda colegial formada por muchas personas y muchos pájaros que habitaban el Reino del Pan Verdadero; e inmediatamente se sintieron felices.

Una persona investigadora tipo beta de este nuevo reino fue la encargada de darles la bienvenida oficial y de recordarles tanto su compromiso con el enunciado que habían leído al ingreso del Reino del Pan Verdadero, como la libertad de elección que cada uno de ellos tenía para decidir si permanecía toda su vida en ese lugar, o bien buscaba la puerta de entrada a un reino superior o la que llevaba de regreso al Reino del Pan Útil.

Una vez concluida la ceremonia, los pájaros se dispersaron de inmediato, mientras que las personas recién llegadas comenzaron a explorar el redondel.

Motivados por el recuerdo de su incorporación al Reino del Pan Útil, Dux y su colectivo visitaron en primer lugar el mirador y disfrutaron de la vista que les ofrecía.

En un primer nivel inferior al que se encontraban contemplaron una panorámica del Reino del Pan Útil; pero sorprendidos descubrieron que también era posible ver dos niveles abajo, en donde se apreciaba todo el Reino del Pan Existente.

Entusiasmados con esta situación, voltearon hacia arriba con el afán de encontrar el reino superior que les habían mencionado, sin embargo, por más que se esforzaron, sus ojos no lograron distinguirlo, razón por la que algunos de ellos comenzaron a dudar de que en verdad existiera tal reino.

Un poco decepcionados regresaron la mirada al Reino del Pan Útil, y al verlo desde las alturas confirmaron lo que habían experimentado en diversas ocasiones durante su estancia en ese reino: que todo funcionaba a la perfección, por lo que las metas establecidas eran alcanzadas sin problema.

Y entonces se cuestionaron si pudiera pedírsele a un reino algo más que lograr que todos sus habitantes tuvieran suficiente pan.

Una parte de la respuesta a esa pregunta podían contestarla con base en su propia experiencia pues, aun cuando ellos habían gozado de todos los beneficios de vivir en el Reino del Pan Útil, libremente habían decidido abandonarlo ya que por más pan útil que pueda tener una persona, su felicidad será incompleta al darse cuenta de que en el redondel existen barreras que limitan su capacidad de desarrollo.

Por cierto, al observar detenidamente a los pájaros, no se notaba ninguna diferencia respecto de su comportamiento en cualquiera de los tres reinos que hasta ahora conocía el grupo de Dux; todo parecía indicar que para ellos daba exactamente lo mismo estar en cualquier reino, ya que su interés solo era el de comer pan.

Hablando de pan, cuando llegó la hora de la comida, Dux y su grupo decidieron buscar un lugar para alimentarse y localizaron un centro de investigación del pan que contaba con una pequeña sala de exhibición abierta al público.

Sin haberlo planeado, esa visita les ayudaría a encontrar la segunda parte de la respuesta a la pregunta que les había surgido en el mirador,

José Manuel Vega Báez

respecto a que si podía pedírsele a un reino algo más que lograr que todos sus habitantes tuvieran suficiente pan.

Como la persona investigadora encargada del centro mostró curiosidad por los visitantes debido a que nunca los había visto en el reino, comenzó una cordial charla en la que el grupo de Dux platicó su historia, lo que le dio la oportunidad a la persona investigadora de invitarlos a pasar al salón contiguo, en donde le emocionaba realizar una demostración a todos los nuevos habitantes del Reino del Pan Verdadero.

La explicación comenzó con una pregunta muy provocativa: ¿Cómo pueden estar seguros de que lo que han comido a lo largo de sus vidas es pan verdadero?

Las reacciones por parte del colectivo de Dux no se hicieron esperar y de inmediato hubo dos intervenciones: la primera de una persona tipo beta cuestionando si tenía algún caso invertir tiempo en responder esa pregunta, y la segunda de una persona tipo gama afirmando que era imposible que tantas personas y tantos pájaros hubieran sido engañados por tantos años.

La persona investigadora se veía feliz pues la pregunta que había formulado estaba cumpliendo con su objetivo. Esperó un momento y de manera pausada fue respondiendo a cada una de las dos intervenciones.

Sobre el cuestionamiento de la persona tipo beta, con referencia a que si tenía algún sentido responder a la pregunta que se había hecho, la persona investigadora dijo que, si los miembros del grupo todavía vivieran en el Reino del Pan Existente o en el Reino del Pan Útil, no habría ninguna necesidad de contestar a la pregunta, pero que, en virtud de que ahora se encontraban en el Reino del Pan Verdadero, era muy importante conocer la respuesta, entre otras razones, porque al ingresar a este reino se habían comprometido a adquirir un mayor conocimiento que los haría capaces de tomar mejores decisiones.

Y respecto a la afirmación de que era imposible que tantas personas y tantos pájaros

José Manuel Vega Báez

hubieran sido engañados por tantos años, la persona investigadora invitó a pasar al frente a la persona tipo gama que había hecho el comentario, y poniendo sobre la mesa una porción de comida, lo retó a que le dijera al grupo de qué alimento se trataba.

La persona tipo gama jamás había visto una pieza de alimento tan grande, por lo que la observó desde varios ángulos, enseguida partió un trozo, lo desmenuzó, lo revisó minuciosamente, lo olfateó varias veces y finalmente lo probó.

Una vez que tragó el bocado, se volteó hacia su grupo que guardaba silencio y les dijo con emoción que se trataba de pan y, por cierto, de uno de los mejores panes que había probado en su vida.

Las personas acompañantes, que tampoco habían visto una pieza de pan tan grande, desbordaron su entusiasmo en una prolongada ovación.

La persona investigadora conocía perfectamente esa reacción, que era normal de quienes llegaban por primera vez al Reino del Pan Verdadero, ya que, por razones prácticas, en el Reino del Pan Útil solo se producía alimento a granel, mismo que, como ya se mencionó, también era enviado a los depósitos del Reino del Pan Existente.

A continuación, la persona investigadora pidió que varios integrantes del grupo hicieran la misma prueba, y sin excepción concluyeron que se trataba de uno de los mejores panes que habían probado.

Por último, trajo una jaula con varios pájaros y los soltó sobre la mesa. De inmediato las aves se comieron las migajas que quedaban del alimento.

Después de toda la demostración, la persona investigadora hizo una pregunta similar a la pregunta original: ¿Cómo pueden estar seguros de que lo que han comido en este momento es pan verdadero, si nunca en su vida habían visto una pieza completa de pan de este tamaño?

José Manuel Vega Báez

Las razones de los integrantes del grupo de Dux parecían ser muy buenas, puesto que dijeron que el alimento que habían comido tenía la apariencia de pan, la textura de pan, el aroma de pan y el sabor de pan. Y, por si fuera poco, los pájaros lo habían devorado con singular alegría.

Entonces, la persona investigadora les reveló que el alimento que acababan de comer, y que seguramente habían consumido muchas veces a lo largo de sus vidas, era una masa preparada a base de componentes sintéticos que de ninguna manera podía ser considerada como pan verdadero, ya que, para que algo pudiera ser llamado pan verdadero debía ser un alimento sólido horneado compuesto por harina, agua, sal, y en la mayoría de los casos, levadura.

Todas las personas del grupo, incluyendo Dux, se quedaron sorprendidas pues, si bien en el Reino del Pan Existente y en el Reino del Pan Útil jamás les había faltado el alimento, de acuerdo con lo que acababan de descubrir, era muy probable que muchas veces hubieran comido otra cosa distinta, en vez de pan verdadero.

Enseguida la persona investigadora les enseñó la manera de reconocer un pan verdadero y les aseguró que desde ese día sería imposible que se conformaran con imitaciones de pan.

Finalmente, les pidió que no olvidaran que algo que se ve como pan, se siente como pan, huele a pan y sabe a pan, no necesariamente es pan verdadero.

Aprendiendo de esa manera pasaba el tiempo en el Reino del Pan Verdadero y, al igual que en los reinos anteriores, al llegar el final de una era, algunas personas del grupo viajero cambiaron de tipo de acuerdo con la estadística, por lo que la nueva composición quedó así: Dux, cuatro personas tipo beta, cuatro personas tipo gama y una persona tipo delta ($1\alpha+4\beta+4\gamma+1\delta$).

Y todos juntos seguían explorando el redondel en busca de la puerta al reino superior.

El tiempo que tardó su búsqueda fue más largo que la ocasión anterior porque el tamaño del

Reino del Pan Verdadero era mucho mayor que el del Reino del Pan Útil, pero un día llegaron a los confines del redondel y encontraron un enorme portón de bronce en el que podía leerse:

Entrada exclusiva para quienes aspiran a algo más que seguir comiendo pan en el Reino del Pan Verdadero.

Por tercera ocasión las personas integrantes del grupo de Dux tenían que tomar una decisión. La única persona tipo delta de inmediato dio un par de pasos hacia atrás en señal de retirada, seguida por tres personas tipo gama y una persona tipo beta.

De esta manera solo continuaron el camino cinco individuos: Dux, tres personas tipo beta y una persona tipo gama ($1\alpha+3\beta+1\gamma+0\delta$), quienes abrieron el portón de bronce y comenzaron a caminar a través de un oscuro túnel, seguidos por algunos curiosos pájaros...

Reflexiones Personales

¿Qué significa en tu realidad el pan verdadero? ¿Puedes dar un par de ejemplos concretos?

Menciona a tres personas que consideres habitantes del Reino del Pan Verdadero.

¿En qué te pareces a ellos? ¿En qué te diferencias?

¿Te visualizas como habitante del Reino del Pan Verdadero? ¿Por qué?

¿Aspiras a algo más que seguir comiendo pan verdadero? ¿Con qué finalidad?

José Manuel Vega Báez

El Reino del Pan Bello

PD

José Manuel Vega Báez

En cuanto las cinco personas del grupo ($1\alpha+3\beta+1\gamma+0\delta$) abandonaron el reino previo, el portón de bronce se cerró a sus espaldas, y en medio de la penumbra continuaron caminando hasta que la luz se hizo presente y les permitió distinguir un letrero que decía:

> **Bienvenidos al Reino del Pan Bello, en donde cultivamos el valor de la belleza, aquello que hace que apreciemos y disfrutemos de todo lo que nos rodea.**

Después de leer el rótulo, las personas y los pájaros encabezado por Dux siguieron avanzando y encontraron una escalera que los llevó al vestíbulo de un museo, en donde varias personas y varios pájaros que habitaban el Reino del Pan Bello los recibieron con el acompañamiento de una orquesta de cámara; e inmediatamente se sintieron felices.

En esta ocasión fue una persona artesana tipo beta la encargada de darles la bienvenida oficial y de recordarles su compromiso con el enunciado que habían leído a su ingreso al Reino del Pan Bello, así como de la libertad que tenían para decidir permanecer toda su vida en ese sitio, o bien, buscar en el redondel la puerta de entrada a un reino superior, o la que conducía de regreso al Reino del Pan Verdadero.

Cuando terminó la ceremonia, los pájaros se dispersaron de inmediato, mientras que las personas decidieron comenzar la exploración del redondel conociendo el museo al que habían llegado.

La primera sala del museo tenía el nombre de "Galería de la Repugnancia" y estaba dedicada al pan existente.

En ella se podían encontrar más de diez variedades de pan, por supuesto todas ellas a granel. En cada una de las fichas informativas se podía leer la composición, así como la fecha en que la muestra había sido recolectada, y una estimación del tiempo que había pasado entre el momento de su fabricación y su probable consumo, dato revelador que había dado origen al nombre de la sala.

Para Dux y sus acompañantes de travesía no resultó sorpresivo conocer que todas esas variedades estuvieran elaboradas con al menos un elemento sintético distinto a la harina, agua, sal y levadura, lo que las convertía en réplicas, no en productos auténticos.

A la vez les quedó muy claro lo afortunados que habían sido al abandonar el Reino del Pan Existente puesto que, aun cuando no podían quejarse de que durante su estancia les hubiera faltado lo necesario, ahora sabían que ese reino era incapaz de producir su propio pan, situación que provocaba que la mayoría de las veces dicho alimento no fuera auténtico, ni fresco.

La segunda sala del museo se llamaba "Galería de la Abundancia" y estaba dedicada al pan útil.

En este espacio se exhibían exactamente las mismas variedades de pan que en la sala anterior. La única diferencia consistía en que la apariencia de los alimentos de esta sala era mucho más radiante puesto que, como ya sabemos, el Reino del Pan Útil tenía sus propias fábricas y proporcionaba a sus habitantes alimento fresco a granel.

También había una semblanza histórica de las diferentes fábricas de pan que habían existido a lo largo de la historia; desde las más rudimentarias basadas en elementos primitivos que producían solo algunas piezas cada jornada, hasta las más sofisticadas que incorporaban tecnología de vanguardia, y de las que podían obtenerse varias toneladas de pan al día.

La siguiente sala, que estaba dedicada al pan verdadero, recibía el nombre de "Galería de la Evidencia" y todos los panes se exhibían en su forma original, es decir, en piezas completas.

Además, la ficha informativa de cada uno de ellos garantizaba su autenticidad como alimento elaborado con ingredientes naturales.

En esta sala también se presentaban una gran cantidad de experimentos, tanto científicos como caseros, mediante los cuales una persona podía comprobar la legitimidad y fecha de elaboración de un pan.

La última sala era la más amplia de todas, llevaba por nombre "Galería de la Delicia" y estaba dividida en dos secciones.

La primera sección era una exposición permanente en la se podía observar una colección de cientos de piezas de pan, de todas formas, colores y texturas.

Cada pieza tenía una ficha informativa en la que se narraba brevemente la biografía de la persona creadora, la región de su procedencia, así como su forma de elaboración y las principales recomendaciones para su consumo.

En la segunda sección se presentaban exposiciones temporales en las que participaban diferentes personas creadoras de pan y en donde se podían degustar distintos panes recién elaborados por estas afamadas personas artesanas.

Dux y su grupo se pasaron un buen rato en la "Galería de la Delicia" disfrutando tanto de la belleza de cada una de las piezas expuestas, como del inigualable sabor del pan, y llegaron a la conclusión que, de ahora en adelante les iba a ser muy difícil conformarse con cualquier clase de pan, ya que no solo habían aprendido a distinguir las imitaciones, sino que además habían descubierto que el gusto por la comida iniciaba desde mucho antes del primer bocado, al conocer el origen e historia del alimento; algo que estaban seguros que los pájaros no podían comprender.

Debido a la gran variedad de experiencias estéticas que ofrecía el Reino del Pan Bello, por primera vez a lo largo de su recorrido, el grupo encabezado por Dux tuvo deseos de quedarse a vivir en ese lugar para siempre pues, ¿qué más podían pedirle a la vida?

Y si a eso se le agregaba la enorme extensión que tenía el Reino del Pan Bello en comparación con los reinos anteriores, la búsqueda de la puerta que conducía a un reino superior seguramente les llevaría mucho más tiempo.

Sin embargo, y al principio un poco más por costumbre que por convicción, Dux y su colectivo siguieron con el hábito de explorar el redondel todas las tardes después de comer.

Llegó el final de una era y sucedió lo que ya había ocurrido en los reinos anteriores: la conversión del tipo de las personas de acuerdo con la estadística, con lo que el nuevo grupo quedó integrado por Dux, dos personas tipo beta, una persona tipo gama y una persona tipo delta ($1\alpha+2\beta+1\gamma+1\delta$).

Pasado un tiempo, y por más que Dux y su grupo seguían explorando, no conseguían llegar a la frontera del Reino del Pan Bello, por lo que comenzaron a dudar de que en verdad existiera un reino superior.

De hecho, visitaron todos los museos de aquel reino y, por más que buscaron en las fichas informativas más recónditas, jamás encontraron alguna referencia sobre el supuesto reino superíor, lo que hizo que su incertidumbre aumentara.

¿Y si todo el asunto del reino superior se tratara de una leyenda sin fundamento?

¿Valía la pena seguir recorriendo el redondel, en vez de establecerse para disfrutar por siempre de todo lo que había en el Reino del Pan Bello?

¿Y si en verdad había un reino superior, en qué sentido sería superior si, hasta donde podían darse cuenta, en el Reino del Pan Bello todo iba a las mil maravillas?

Debido a estas inquietudes, había momentos en los que Dux ya no sabía cómo manejar la situación y cada vez tenía más dificultades para que sus cuatro acompañantes fueran a los recorridos que solía hacer por el redondel.

José Manuel Vega Báez

No obstante, tal como se acostumbraba a decir en aquellos reinos del pan: no había plazo que no se cumpliera, y sucedió un día que, después de mucho tiempo de explorar, explorar y explorar, Dux y su grupo encontraron un enorme portón de plata empotrado en la pared que marcaba el límite del Reino del Pan Bello, el cual tenía la siguiente inscripción:

> **Entrada exclusiva para quienes aspiran a algo más que seguir comiendo pan en el Reino del Pan Bello.**

Aunque el encanto del enorme portón de plata había entusiasmado al grupo, la persona tipo gama y la persona tipo delta juzgaron que no tenía caso cambiar todo lo que ya habían conocido del Reino del Pan Bello por algo que ni siquiera sabían de qué manera podía ser mejor, por lo que decidieron que se quedarían a vivir en ese lugar.

De esta forma, solo Dux y dos personas tipo beta ($1\alpha+2\beta+0\gamma+0\delta$) se atrevieron a abrir y a cruzar el enorme portón de plata, y comenzaron a caminar por un oscuro túnel, seguidos por algunos curiosos pájaros...

José Manuel Vega Báez

Reflexiones Personales

¿Qué significa en tu realidad el pan bello? ¿Puedes dar un par de ejemplos concretos?

Menciona a tres personas que consideres habitantes del Reino del Pan Bello.

¿En qué te pareces a ellos? ¿En qué te diferencias?

¿Te visualizas como habitante del Reino del Pan Bello? ¿Por qué?

¿Aspiras a algo más que seguir comiendo pan bello? ¿Con qué finalidad?

PD

José Manuel Vega Báez

El Reino del Pan Bueno

PD

José Manuel Vega Báez

El enorme portón de plata se cerró cuando terminaron de pasar Dux y sus dos acompañantes ($1\alpha+2\beta+0\gamma+0\delta$), quienes siguieron avanzando por el túnel hasta que poco a poco la luz se hizo presente y les permitió ver un letrero que tenía escrito:

Bienvenidos al Reino del Pan Bueno, en donde cultivamos el valor de la bondad, aquello que hace que demos lo mejor de nosotros en beneficio de los demás.

Cuando concluyeron la lectura, Dux y las dos personas tipo beta siguieron caminando hasta encontrar una escalera que los condujo al pórtico de una casa, en donde las personas y los pájaros que habitaban ahí los recibieron entonando una canción tradicional del Reino del Pan Bueno; e inmediatamente se sintieron felices... pero no tanto como las otras veces.

Ahora fueron las personas responsables de la familia que los recibió, ambos de tipo beta, las encargadas de darles la bienvenida oficial y de recordarles que mientras permanecieran en el Reino del Pan Bueno debían comportarse de acuerdo con lo que habían leído a su ingreso.

También les hicieron saber que, al igual que en los reinos anteriores, gozaban de la libertad de quedarse a vivir en ese sitio, de seguir adelante buscando un reino superior, o de regresar al Reino del Pan Bello.

Cuando terminó la sencilla ceremonia, los pájaros recién llegados se dispersaron de inmediato, mientras que Dux y sus dos acompañantes se quedaron a platicar con las personas responsables de la familia, pues tenían dos dudas que querían que les aclararan.

La primera interrogante consistía en saber si de verdad existía otro reino superior, tal como les habían comentado hacía algunos instantes, o solo se trataba de una leyenda sin comprobación.

José Manuel Vega Báez

Esa inquietud la tenían debido a que, en su experiencia, a medida que habían avanzado a reinos superiores, el tiempo invertido en buscar la puerta de salida se había hecho cada vez mayor, lo cual había desalentado a muchos de sus compañeros, dando por resultado que de cien personas que habían iniciado la aventura, solo quedaban ellos tres.

Las personas responsables de la familia les contestaron que hacía muchos años, ellos y otras personas compañeras que seguían a una persona tipo alfa, habían encontrado una preciosa puerta de oro que era la entrada al reino superior, pero que en esa ocasión varios habían preferido quedarse, confiando a que más adelante volverían a localizar la puerta.

Sin embargo, a pesar de que en los siguientes años buscaron nuevamente cambiar de reino, nunca más habían encontrado la puerta, por lo que les recomendaron que no dejaran escapar su oportunidad si es que algún día la suerte les sonreía y les mostraba esa puerta de oro.

La segunda duda se refería a si el Reino del Pan Bueno era realmente superior al Reino del Pan Bello, puesto que, hasta donde abarcaba la breve experiencia de las personas recién llegadas, y sin menospreciar el cálido recibimiento que les habían dado, la primera impresión que tenían es que las cosas eran mejores en el reino del que provenían.

Sin mostrar el menor signo de ofensa por lo que les dijeron, las personas responsables de la familia les mencionaron que justamente ésa era la opinión de todos los que llegaban por primera vez al Reino del Pan Bueno, y les confesaron que ellos mismos habían pensado lo mismo cuando recién ingresaron a ese reino.

A su entender, esa impresión negativa se debía a dos factores.

El primero de ellos era que, hasta antes de cambiar de reino, todo recién llegado al Reino del Pan Bueno disfrutaba del singular encanto del Reino del Pan Bello, en el que jamás se descuidaba algún detalle que pudieran percibir sus habitantes.

José Manuel Vega Báez

Desde la vistosa ceremonia de bienvenida, que siempre se llevaba a cabo en el lujoso vestíbulo del museo y que era amenizada por una orquesta de cámara, evento que contrastaba con la sencilla recepción en el Reino del Pan Bueno que se efectuaba en el pórtico de una casa particular cuyos habitantes entonaban una canción popular; hasta el placer de saber de la existencia de una enorme variedad de panes y la posibilidad de degustarlos en el momento en el que se deseara.

Por tanto, era normal resentir el cambio.

Pero había que considerar que prácticamente todos los elementos del Reino del Pan Bello eran cuestiones basadas en la capacidad de disfrutar de cosas placenteras lo que, desde su punto de vista, sin duda era agradable, mas no suficiente.

El segundo factor que, según las personas responsables de la familia, originaba un desencanto inicial del Reino del Pan Bueno, era la falta de conocimiento y sensibilidad con respecto al término de bondad.

Y casi leyéndoles la mente a Dux y a sus acompañantes, les plantearon una pregunta a manera de ejemplo: ¿Acaso puede haber algo más bueno que disfrutar al comer un pan elaborado por una afamada persona creadora de pan?

Antes de que Dux y las dos personas beta pudieran responder que eso era imposible, las personas responsables de la familia les aseguraron que sí: que algo más bueno que disfrutar al comer un pan elaborado por un renombrado artesano panadero, consistía en gozar al comer un pan hecho por una persona que nos aprecie.

Sin embargo, les aclararon que antes de ser capaces de saborear plenamente un pan recibido en obsequio, debían ser capaces de gozar al regalar un pan confeccionado por ellos mismos.

Entonces las personas responsables de la familia le sugirieron a Dux y a sus acompañantes que, por una temporada, en vez de salir a explorar el redondel del Reino del Pan Bueno en busca de un reino superior, acudieran a su casa para aprender a hacer el pan bueno.

Así fue como durante varias semanas la familia completa compartió con el grupo de Dux diferentes recetas, métodos de elaboración y secretos de terminado, hasta que fueron capaces de transformar los ingredientes naturales básicos: harina, agua, sal y levadura, en un alimento de una sola pieza, fresco y muy vistoso, mismo que comieron todos juntos en una amena tertulia, a la que incluso acudieron pájaros de los alrededores.

Al final de su aprendizaje, Dux y las dos personas tipo beta estuvieron de acuerdo en lo que algún día les habían dicho las personas responsables de la familia: la felicidad que se experimenta al saber que uno es capaz de elaborar pan para que otros puedan comer, no tiene comparación.

Justamente de eso se trataba el compromiso que adquirieron al ingresar al Reino del Pan Bueno: dar lo mejor de sí mismos en beneficio de las demás personas.

Llegó entonces el momento en el que Dux y sus acompañantes emprendieron la búsqueda de la puerta que los conduciría al reino superior, por lo que se despidieron de la familia que los había acogido y se enfilaron hacia los confines del redondel del Reino del Pan Bueno.

Mientras tanto, se presentó el término de una era y con ello la acostumbrada conversión estadística en la que una de las personas tipo beta se volvió gama, por lo que el clan quedó conformado por Dux, una persona tipo beta y una persona tipo gama ($1\alpha+1\beta+1\gamma+0\delta$).

Y a pesar de que pasó mucho tiempo antes de que descubrieran la puerta que estaban buscando, jamás tuvieron que dar marcha atrás para conseguir pan como les había sucedido en todos los reinos anteriores, pues cuando se les terminaba el pan que llevaban, preparan más, si no es que alguna otra persona les compartía del suyo.

José Manuel Vega Báez

Finalmente, un día encontraron lo que buscaban; un enorme portón de oro en el que claramente se leía:

> **Entrada exclusiva para quienes aspiran a algo más que seguir comiendo pan en el Reino del Pan Bueno.**

Y recordando lo agradable que había sido la experiencia en compañía de la familia que les había enseñado a elaborar el pan, una vez llegado el momento de las definiciones, la persona tipo gama les dijo que no seguiría con ellos, pues prefería quedarse a vivir en el Reino del Pan Bueno.

Dux y la persona tipo beta comprendieron perfectamente a la persona tipo gama, porque en sus corazones también existía un cariño muy especial por el reino que estaban a punto de abandonar.

Sin embargo, había otra fuerza en su interior que los impulsaba a seguir adelante y que estaban dispuestos a no ignorar.

Entonces las tres personas se dieron un prolongado abrazo fraterno, y enseguida Dux y la persona tipo beta ($1\alpha+1\beta+0\gamma+0\delta$) abrieron el portón de oro y se internaron en un oscuro túnel, seguidos por algunos curiosos pájaros...

José Manuel Vega Báez

Reflexiones Personales

¿Qué significa en tu realidad el pan bueno? ¿Puedes dar un par de ejemplos concretos?

Menciona a tres personas que consideres habitantes del Reino del Pan Bueno.

¿En qué te pareces a ellos? ¿En qué te diferencias?

¿Te visualizas como habitante del Reino del Pan Bueno? ¿Por qué?

¿Aspiras a algo más que seguir comiendo pan bueno? ¿Con qué finalidad?

PD

José Manuel Vega Báez

El Reino del Pan Eterno

PD

José Manuel Vega Báez

El portón de oro se cerró en cuanto Dux y la persona tipo beta ($1\alpha+1\beta+0\gamma+0\delta$) terminaron de pasar. Ambos continuaron su camino por el oscuro túnel hasta que, como en las ocasiones anteriores, les fue posible distinguir un letrero que decía:

Bienvenidos al Reino del Pan Eterno, en donde cultivamos el valor de lo infinito, aquello que hace que reconozcamos nuestro tamaño real dentro del universo y busquemos nuestro propio perfeccionamiento para tratar de alcanzar la verdad, la belleza y la bondad absolutas.

Una vez que leyeron el texto, Dux y su acompañante caminaron hacia una escalera que los llevó al atrio de un templo que, por ser de noche, apenas se distinguía.

Esta vez no hubo bienvenida alguna, de manera que, en vez de sentirse felices, se sintieron desconcertados.

Por un momento pensaron en regresar al Reino del Pan Bueno, pero al ver hacia atrás se dieron cuenta de que la escalera había desaparecido.

De acuerdo con la lógica de los reinos anteriores, ya sabían que tenían el compromiso de atender al mensaje del letrero que habían leído a su ingreso, así como también suponían que tenían la libertad de quedarse, de regresar al reino anterior, o de buscar otro reino superior, si es que lo había.

A los pájaros que entraron con ellos pareció no importarles la ausencia de una bienvenida oficial y de inmediato se echaron a volar en medio de la oscuridad.

Dux y la persona tipo beta decidieron ingresar al templo en busca de alguien o de algo que pudiera orientarlos y justo a la entrada del recinto encontraron a una persona celebrante que les estaba esperando con una antorcha y que les pidió que le acompañaran.

Mientras caminaban, la persona celebrante les hizo saber que todas las personas que llegaban al Reino del Pan Eterno rápidamente debían tomar una importante decisión respecto a su futuro, no sin antes completar algunas enseñanzas.

De pronto, entraron a un salón que tenía una de las paredes cubierta con una cortina y la persona celebrante les pidió que se acercaran a ella.

Apagó la antorcha y recorrió la cortina muy poco a poco.

Ante los asombrados ojos de Dux y su acompañante, comenzó a revelarse un enorme observatorio a través del cual podían contemplar hacia abajo una encantadora panorámica nocturna de todos los reinos.

Se trataba de una sensación inigualable y difícil de describir.

Durante un buen rato disfrutaron de aquella imagen y su desconcierto inicial comenzó a cambiar por un estado de sosiego que jamás habían experimentado.

Fue en ese momento cuando Dux le preguntó a la persona celebrante si todavía existía un reino superior.

La persona celebrante les pidió que voltearan hacia arriba y que compararan el tamaño y la belleza de lo que habían visto en la parte inferior del observatorio, con lo que ahora les ofrecía la parte superior del mismo.

Las dos personas recién llegadas siguieron las indicaciones y se quedaron impresionadas con la hermosura e inmensidad del firmamento... y casi de inmediato comenzaron a comprender su pequeñez con relación al universo.

Efectivamente, quizá existía no solo uno, sino muchos reinos superiores por explorar, pero según les afirmó la persona celebrante, hasta ahora nadie había podido localizar la puerta que conducía a esos

José Manuel Vega Báez

horizontes, por lo que, para efectos concretos, el sitio en donde se encontraban era el más pleno de todos los reinos pues era el único que contaba con el pan más perfecto de todos: el pan eterno.

Entonces la persona tipo beta preguntó si era posible conocer el pan eterno para constatar su nivel de perfección, y el celebrante respondió que sí, pero que antes debían hacer una recapitulación de su travesía, a fin de que tuvieran una idea más clara del valor de lo que les mostraría.

Les pidió que regresaran la mirada a la parte inferior de la ventana panorámica en la que se apreciaban todos los reinos, y que recordaran el lugar en el que habían iniciado su viaje: el Reino del Pan Existente.

Una vez ubicados mentalmente en ese sitio les reveló que la primera característica de un pan perfecto sería el que en realidad existiera, pues siempre es más perfecto lo que es, que lo que no es; y su experiencia les había demostrado que el pan a granel existía, por lo cual tenía un primer grado de perfección.

A continuación, les solicitó que recordaran el Reino del Pan Útil y les dijo que la segunda característica de un pan perfecto sería el que efectivamente sirviera para lo que fue hecho, es decir, para alimentar a las personas y a los pájaros, pues si algo no funcionaba para lo que fue creado, entonces no podía ser perfecto.

En este caso, el pan a granel del tipo que fuera, además de existir, servía como alimento, por lo que contaba con dos grados de perfección.

Enseguida se trasladaron mentalmente al Reino del Pan Verdadero y la persona celebrante les aseguró que la tercera característica de un pan perfecto sería el que fuera auténtico, no una imitación, por lo que a las piezas de pan que conocieron en ese reino se les podían atribuir tres grados de perfección: la existencia, la utilidad y la autenticidad.

En el siguiente paso de su razonamiento abordaron el Reino del Pan Bello, en el que la persona celebrante les comunicó la cuarta

José Manuel Vega Báez

característica que debía tener un pan perfecto: la belleza.

Y recordando las piezas exhibidas en la "Galería de la Delicia", que eran solo una muestra de lo que se producía en ese reino, Dux y su acompañante llegaron a la conclusión de que todas ellas contaban con cuatro grados de perfección dado que existían, eran útiles, eran verdaderas y eran bellas.

El último lugar de su recorrido mental fue el Reino del Pan Bueno, y ya para ese momento del ejercicio, no fue necesario que la persona celebrante les definiera la bondad como la quinta característica de un pan perfecto.

Dux y la persona tipo beta recordaron la felicidad que experimentaron al compartir con la familia anfitriona y los pájaros de los alrededores, el primer pan que habían elaborado con sus propias manos, y que ahora sabían que contó con cinco grados de perfección pues existió y fue útil, verdadero, bello y bueno.

¿Cuál sería entonces la siguiente característica que debía tener un pan perfecto?

Pues nada más y nada menos que la eternidad, es decir, que nunca se terminara.

De esta manera, la persona celebrante juzgó que los recién llegados estaban preparados para conocer el pan eterno, por lo que encendió la antorcha y los condujo a las entrañas del templo.

Cuando llegaron al sitio en el que simbólicamente se conservaba siempre iluminada por tres antorchas una pieza de pan eterno, Dux y su acompañante se quedaron atónitos, pues se trataba del pan más deslumbrante que jamás habían visto.

Y su admiración se convirtió en emoción a flor de piel cuando la persona celebrante los invitó a que cuidadosamente partieran un trozo del pan...

A que lentamente lo comieran...

Y a que fueran testigos de cómo el pan se regeneraba por sí mismo hasta adquirir nuevamente su forma original...

Sin duda el conocer y disfrutar de un pan existente, útil, verdadero, bello, bueno y eterno, se había convertido en la experiencia más plena de Dux y su acompañante, quienes irradiaban una imperturbable felicidad.

Pero aún les faltaba tomar una importante decisión...

Reflexiones Personales

¿Qué significa en tu realidad el pan eterno? ¿Puedes dar un par de ejemplos concretos?

Menciona a tres personas que consideres habitantes del Reino del Pan Eterno.

¿En qué te pareces a ellos? ¿En qué te diferencias?

¿Te visualizas como habitante del Reino del Pan Eterno? ¿Por qué?

¿Aspiras a algo más que seguir comiendo pan eterno? ¿Con qué finalidad?

José Manuel Vega Báez

Una Importante Decisión

PD

José Manuel Vega Báez

Pasados unos instantes de embeleso que parecieron interminables, Dux y su acompañante tipo beta comprendieron que era el momento en el que debían tomar una importante decisión.

La persona celebrante les dijo que en el Reino del Pan Eterno solo había tres posibilidades para cualquier persona recién llegada, dependiendo de su edad y experiencia.

En primer lugar, a las personas mayores se les sugería quedarse en el Reino del Pan Eterno hasta su muerte, desarrollando labores de servicio y preparándose para convertirse en celebrantes.

Por otra parte, a las personas jóvenes que se consideraban sin mucha experiencia se les recomendaba consagrarse como aprendices en alguno de los muchos templos del reino, en donde estarían bajo la mentoría de una persona celebrante experta, continuando así con su formación.

Mientras que, a las personas jóvenes que se consideraban experimentadas, se les animaba a viajar directo al Reino del Pan Existente y compartir todo lo que habían aprendido en su recorrido con un nuevo grupo de personas, a las que encabezarían buscando guiarlas hacia el Reino del Pan Eterno; por supuesto, respetando siempre la libertad de elección de cada individuo.

Antes de que la persona celebrante siguiera adelante con la explicación, la persona tipo beta le manifestó su deseo de permanecer en el Reino del Pan Eterno e inmediatamente se despidió de manera emotiva de Dux y regresó al interior del templo en donde le sería asignada su persona celebrante mentora.

Una vez a solas con Dux, la persona celebrante le manifestó con toda honestidad que sin duda había llegado al Reino del Pan Eterno a partir de un esfuerzo personal digno de admiración, ya que previamente no sabía con exactitud cuál era el destino de su travesía.

Únicamente contó con actitud positiva, escuchó a su voz interior e hizo lo que le pareció más adecuado en cada circunstancia. En otras palabras, su liderazgo fue completamente intuitivo.

Además, el elogio a Dux se debía a que, si bien pudo haber hecho el viaje sin compañía, gracias a su capacidad de conducción había logrado un buen resultado al provocar la superación de sus semejantes: todas aquellas personas que, en diferentes proporciones, ascendieron de reino.

Dux le respondió a la persona celebrante que, si bien se encontraba feliz por haber llegado al Reino del Pan Eterno, no sentía una completa satisfacción con su papel de guía pues del grupo original de cien personas, solo dos habían arribado al destino final, por lo que estaba en la mejor disposición de emprender un nuevo recorrido en el que buscaría mejorar como líder.

Asintiendo parcialmente, la persona celebrante le hizo ver de manera objetiva el resultado de su liderazgo, pues sin su acertada y oportuna intervención, el grupo original completo hubiera permanecido en el Reino del Pan Existente, ya que ninguno de sus integrantes habría tenido el valor suficiente como para iniciar la exploración de ese primer redondel.

Pero gracias a su iniciativa, de los cien individuos originales, veinticinco avanzaron al Reino del Pan Útil; de los cuales diez ascendieron al Reino del Pan Verdadero; de los que cinco alcanzaron el Reino del Pan Bello; de los cuales tres progresaron al Reino del Pan Bueno; de donde finalmente dos llegaron al Reino del Pan Eterno:

REINO	Alfa	Beta	Gama	Delta	Total
Existente	1	15	68	16	100
Útil	1	8	16	0	25
Verdarero	1	5	4	0	10
Bello	1	3	1	0	5
Bueno	1	2	0	0	3
Eterno	1	1	0	0	2

En adición a lo anterior, la persona celebrante le señaló a Dux tres factores que sin duda le permitirían mejorar su capacidad de liderazgo en su siguiente recorrido.

José Manuel Vega Báez

En primer lugar, Dux ya conocía el destino, es decir, el Reino del Pan Eterno, lo que aumentaría las probabilidades de cumplir con su meta de llegar con más personas al final.

En segundo término, al saber de antemano el trayecto a recorrer por los diferentes reinos del pan y las dificultades propias de cada uno de ellos, Dux podría anticiparlas y lograr más fácilmente la conducción de un nuevo grupo.

Finalmente, después de haber desarrollado un aprecio por los cinco grados de perfección del pan, Dux había enriquecido su contenido personal, lo que le serviría como motivo de inspiración para los integrantes de su nuevo grupo.

Dux estuvo de acuerdo con lo que la persona celebrante le había dicho…

Meditó un momento…

Se despidió con agradecimiento…

Y con la mirada fija al frente, se encaminó
para iniciar su viaje directo al Reino del Pan
Existente.

Fin.

Sobre el Autor

El doctor José Manuel Vega Báez nació en la Ciudad de México en 1962. Es casado, padre de tres hijos y gusta del deporte.

Tiene 44 años de trayectoria empresarial y ha sido directivo en la iniciativa privada, sector público, agrupaciones deportivas e instituciones educativas, interviniendo como consejero y consultor en organizaciones mexicanas y trasnacionales.

Como fruto de su experiencia integrando y dirigiendo equipos de alto desempeño ha publicado 23 libros sobre liderazgo, varios de ellos bestsellers en Amazon, convirtiéndose en el escritor de habla hispana más prominente de este tema, del cual es conferencista y facilitador internacional.

Desde hace 36 años es catedrático a nivel licenciatura, maestría y doctorado en el área de Gestión de Sistemas Organizacionales en diversas instituciones latinoamericanas de gran prestigio.

En 1992 recibió el grado de Doctor en Administración. Cuenta con estudios de Maestría en Ingeniería, Maestría en Sistemas, Maestría en Dirección de Empresas, Licenciatura en Sistemas y Diplomados en Negocios Deportivos, Asesoría Educativa, Humanismo Integral, Desarrollo Sustentable y Alta Dirección.

Actualmente es profesor de la Escuela de Negocios del Tecnológico de Monterrey, Conferencista de Speakers México, Miembro Platinum de la Red Mundial de Conferencistas y Socio Fundador de SERIE CIMA, firma especializada en liderazgo: desarrollando mejores líderes para edificar un mejor mundo.

Su obra completa incluye los siguientes títulos:

1. Modelo de Estudio Curricular Post-Maestría en el Área de Sistemas (1991)
2. Introducción al Estudio del Pensamiento Transdisciplinario (1992)
3. Creatividad e Innovación en la Administración (1993)
4. Un Rostro Incompleto (1994)

5. Diseño del Sistema de Información de una Empresa (1995)
6. Secretos de Empresa (1995)
7. Modelación Estructural de Sistemas (1996)
8. Primera Guía de Acciones Emprendedoras (1998)
9. Rumbo a la Cima −novela para el nuevo líder (2002)
10. ¿Ya Encontraste tu Queso? −un cuento para nuevos líderes (2005)
11. Un Líder para México 2006 (2006)
12. Propuesta para la Valoración del Nivel de Liderazgo en Funcionarios Públicos de Alto Perfil (2007)
13. La Biblia de la Motivación −obra en coautoría (2008)
14. Liderazgo en Tiempos de Crisis (2009)
15. Lecciones de Liderazgo de los Directores Técnicos del Mundial (2010)
16. Adriana −un relato de liderazgo juvenil (2011)
17. 250 Cápsulas de Liderazgo (2012)
18. Liderazgo en la Cumbre −obra en coautoría (2012)
19. Liderazgo: diez años de aportaciones (2012)

José Manuel Vega Báez

20. Rumbo a la Cima 10 –sé un líder de alto desempeño (2013)
21. Mi Líder Favorito (2014)
22. Mucho Éxito en tu Negocio Propio: los cimientos del liderazgo emprendedor (2015)
23. 500 Cápsulas de Liderazgo (2016)
24. Ahí Viene un Tiburón –cómo ser un buen líder ante la adversidad (2017)
25. Liderazgo Mundialista 2018 –lecciones de aciertos y errores de los mejores entrenadores (2018)
26. Liderazgo Sobresaliente –cómo lograr resultados superiores y sostenibles (2018)
27. 15 Poderosas Lecciones de Liderazgo (2019)
28. 777 Frases de Liderazgo (2019)
29. Jesús Líder (2020)
30. 21 Reglas de Liderazgo para Superar las Crisis (2020)

31. Panis Dux –panis (pan), dux (líder) (2021)

PD

José Manuel Vega Báez